Ye 76942

# CANTIQUES & PRIÈRES

POUR LE

## MOIS DE MARIE,

LES PROCESSIONS,

LES PÈLERINAGES, etc.

(Extrait du Manuel des petits Séminaires.)

ORLÉANS,
IMPRIMERIE DE GEORGES JACOB,
Cloître Saint-Étienne, 4.

---

1868

100

# CANTIQUES & PRIÈRES.

## MÉTHODE

### POUR ASSISTER AVEC FRUIT AU SAINT SACRIFICE DE LA MESSE.

La méthode que nous donnons ici a pour auteur le bienheureux Léonard du-Port-Maurice, religieux de Saint-François, connu dans toute l'Italie par son zèle et ses travaux apostoliques.

Le souverain Pontife, après l'avoir approuvée et recommandée aux fidèles, leur accorde trois cents jours d'indulgence, toutes les fois qu'ils la suivront en assistant au saint sacrifice.

La méthode qui me paraît la plus propre et la plus conforme à l'esprit de la sainte Église, pour assister au saint sacrifice de la messe, est de s'unir aux sentiments du Prêtre. Il doit offrir ce sacrifice pour satisfaire aux quatre principaux devoirs que nous sommes obligés de rendre à Dieu, et qui sont en même temps les quatre fins pour lesquelles Jésus-Christ lui-même offre, par les mains du Prêtre, cet auguste sacrifice.

Le premier devoir, c'est de louer et adorer l'infinie majesté de Dieu; le second, de satisfaire à sa justice pour tous nos péchés; le troisième, de le remercier de tous les bienfaits que nous en avons reçus; le quatrième, de lui exposer nos besoins, comme à l'auteur et au principe de toutes les grâces.

Voici donc la manière de mettre en pratique cette méthode.

Au commencement de la messe, lorsque le Prêtre s'humilie au pied de l'autel, en récitant le *Confiteor*, faites un petit examen de conscience, vous excitant à former dans votre cœur un acte de contrition, demandant humblement pardon à Dieu de vos péchés, implorant l'assistance du Saint-Esprit et de la Sainte-Vierge, pour entendre la messe avec tout le respect et la dévotion dont vous serez capable. Ensuite, partagez la messe en quatre parties, pour vous mieux acquitter des quatre grands devoirs dont nous avons parlé. Faites-le de la manière suivante.

I. Dans la première partie, depuis le commencement jusqu'à l'Évangile, vous vous acquitterez du premier devoir, qui consiste à adorer et à louer la majesté de Dieu, digne d'honneur et de louanges infinies. Pour cela humiliez-vous avec Jésus-Christ, abimez-vous dans votre néant, confessez-le humblement devant cette infinie majesté, et dites-lui, aussi humilié d'esprit que de corps :

« O mon Dieu, je vous adore et vous reconnais pour mon seigneur et pour le maître de mon âme ; je proteste que tout ce que je suis et tout ce que j'ai, c'est de vous que je le tiens. Mais parce que votre souveraine majesté mérite un honneur et exige un hommage infini, et que je suis tout à fait incapable de vous payer une si grande dette, je vous offre les humiliations et les hommages que Jésus vous rend sur cet autel.

« Ce que Jésus fait, je veux le faire moi-même ; je m'humilie et m'abaisse avec lui devant votre suprême majesté ; je vous adore avec des mêmes sentiments d'humiliation avec lesquels vous adore mon Jésus. Je me réjouis de tout mon cœur, en pensant à la soumission infinie que ce divin Sauveur vous rend pour moi. »

Ici fermez le livre, et continuez intérieurement les mêmes actes, vous félicitant de ce que Dieu est infiniment honoré, et répétant à diverses reprises : « Oui, mon Dieu, j'ai une extrême satisfaction de l'honneur infini qui revient à votre divine majesté de ce saint sacrifice ; j'en ai une joie et un contentement que je ne puis exprimer.

II. Vous satisferez pour le second, depuis l'Évangile jusqu'à l'Élévation. Jetez un coup d'œil sur vos péchés ; et voyant les dettes immenses que vous avez contractées envers la justice divine, dites avec des sentiments d'une profonde humilité :

« Voici, mon Dieu, ce traître qui tant de fois s'est révolté contre vous. Hélas ! pénétré de douleur, j'ai en abomination et je déteste de tout mon cœur mes innombrables péchés ; je vous présente en paiement la même satisfaction que Jésus vous fait sur l'autel. Je vous offre tous les mérites de Jésus, le sang de Jésus, ce même Jésus tout entier, Dieu et homme tout ensemble, qui en qualité de victime daigne encore renouveler son sacrifice en ma faveur ; et puisque mon Jésus se fait sur cet autel mon médiateur et mon avocat, et que, par son sang très-précieux, il vous demande miséricorde pour moi, j'unis ma voix à celle de son sang adorable, et je vous demande miséricorde pour tant de péchés énormes que j'ai commis. Le sang de Jésus réclame votre miséricorde, et mon cœur, pénétré de douleur, vous la demande aussi. O Dieu de mon cœur, si vous n'êtes pas touché de mes larmes, soyez-le des gémissements de mon Jésus ; s'il a obtenu miséricorde sur la croix pour tout le genre humain, pourquoi ne l'obtiendrait-il pas pour moi sur cet autel ? Oui, mon Dieu, j'espère qu'en vertu de ce sang précieux vous me pardonnerez toutes mes iniquités, et je continuerai de les pleurer jusqu'au dernier soupir de ma vie. »

Puis, ayant fermé le livre, répétez ces actes d'une vraie et profonde contrition : donnez un libre cours aux affections de votre cœur ; dites à Jésus, du fond de votre âme : « Mon bien-aimé Jésus, donnez-moi les larmes de saint Pierre, la contrition de sainte Madeleine et la douleur de tous les saints qui de pécheurs sont devenus de véritables pénitents, afin que j'obtienne, par le mérite de ce saint sacrifice, le pardon absolu de mes péchés. »

III. Dans la troisième partie de la messe, c'est-à-dire depuis l'Élévation jusqu'à la Communion, en vous considérant comblé de tant et de si grands bienfaits, offrez à Dieu, en échange, le corps et le sang précieux de Jésus-Christ, dont la valeur est infinie : invitez tous les anges et tous les saints du ciel à remercier Dieu pour vous, à peu près de la manière suivante :

« Dieu de mon cœur, me voici chargé des bienfaits généraux et particuliers que vous avez daigné me prodiguer, et que vous êtes disposé à m'accorder encore dans le temps et dans l'éternité. J'avoue que vos miséricordes à mon égard sont infinies ; cependant je suis prêt à vous payer entièrement et jusqu'à la dernière obole. En reconnaissance et en paiement de tout ce que je vous dois, je vous présente, par les mains du Prêtre, ce sang divin, ce corps très-précieux, cette innocente victime. Cette offrande, j'en suis sûr, suffit pour compenser tous les dons que vous m'avez faits ; ce don, qui est d'un prix infini, vaut certainement, à lui seul, tous ceux que j'ai reçus jusqu'ici, que je reçois à chaque moment, et que je recevrai encore de vous dans la suite. Ô vous tous, anges du Seigneur, vous tous, bienheureux habitants des cieux, aidez-moi à remercier mon Dieu, et offrez-lui, en actions de grâces pour tant de bienfaits, non seulement cette messe, mais aussi toutes celles qui se célèbrent aujourd'hui dans le monde entier, afin que par là je compense parfaitement son amoureuse bienfaisance pour toutes les grâces dont il m'a comblé jusqu'ici, pour celles qu'il me fait maintenant, et pour toutes celles qu'il daignera me faire dans tous les siècles des siècles. Ainsi soit-il. »

IV. Dans la quatrième partie de la messe, depuis la Communion jusqu'à la fin, pendant que le Prêtre communie sacramentellement, vous ferez la *communion spirituelle.* Fixez ensuite vos regards sur Dieu qui est au dedans de vous ; demandez-lui avec une vive ardeur toutes les grâces dont vous avez besoin, car c'est dans ce moment que Jésus s'unit à vous ; c'est lui qui prie et qui demande pour vous. Elargissez donc votre cœur, ne mettez aucune borne à vos désirs ; mais demandez à Dieu ses plus grandes grâces, puisque l'offrande de son divin Fils, que vous venez de lui faire, est d'un prix infini. Dites-lui donc avec une profonde humilité :

« O Dieu de mon âme, je me reconnais indigne de vos faveurs ; je confesse sincèrement mon extrême indignité ; je ne mérite en aucune manière que vous m'exauciez, vu la multitude et l'énormité de mes fautes : mais pourriez-vous rejeter la prière que votre adorable Fils vous adresse sur cet autel, où il vous offre sa vie et son sang pour moi ? O Dieu de mon cœur, agréez la prière de celui qui plaide en ma faveur auprès de votre adorable majesté, et en sa considération accordez-moi toutes les grâces que vous savez m'être nécessaires pour réussir dans la grande affaire du salut. C'est maintenant plus que jamais que j'ose vous demander le pardon général de tous mes péchés et la grâce de la persévérance finale. De plus, appuyant toujours ma confiance sur les prières que vous adresse mon Jésus, je vous demande pour moi, ô mon Dieu, toutes les vertus qui me sont nécessaires, tous les secours efficaces don j'ai besoin pour devenir un saint; je vous demande encore la conversion de tous les infidèles, celle de tous les pécheurs, et particulièrement de ceux qui me sont unis par les liens du sang ou de l'amitié. Je vous conjure aussi de m'accorder la délivrance, non d'une seule âme, mais de toutes celles qui sont actuellement détenues en purgatoire ; délivrez-les toutes, et par la vertu de ce saint sacrifice, faites que ce lieu de tourment et d'expiation soit entièrement évacué. Convertissez aussi tous les pécheurs qui sont encore sur la terre, afin que ce misérable monde se change en un paradis de délices, et qu'après vous avoir aimé, loué, béni et adoré dans le temps, nous puissions vous louer et vous glorifier dans l'éternité. Ainsi soit-il. »

Demandez avec assurance ; demandez pour vous, pour vos amis, pour vos proches, tout ce que vous voudrez ; demandez le soulagement de vos besoins spirituels et temporels.

Priez pour la sainte Église, afin que le Seigneur daigne la délivrer des maux qui l'affligent, et lui accorder la plénitude de tous les biens. Surtout ne demandez point avec tiédeur, mais avec la plus grande confiance ; ayez l'assurance que vos prières, unies à celles de Jésus, seront exaucées.

Après la messe, faites un acte d'action de grâces, en disant : « Nous vous rendons grâces, ô Dieu tout-puissant, de tous vos bienfaits, vous qui vivez et régnez dans tous les siècles des siècles. Ainsi soit-il. »

Sortez de l'église, le cœur aussi touché de componction que si vous descendiez du Calvaire.

# MOIS DE MARIE.

## OUVERTURE.

### I.

Salut, ô mois heureux, dont le nom de Marie
   Doit embellir tous les instants.
Ta présence est pour nous ce qu'est à la prairie
   Le premier soleil de printemps.
   Vois tous les cœurs remplis d'ivresse
   Se dilater, se réjouir,
   Vois partout briller l'allégresse
   Et tous les fronts s'épanouir.

   O toi dont l'aurore chérie
   Nous promet de si doux moments,
   Mois heureux, beau mois de Marie,
   Coule, coule plus lentement.

Que le ciel soit serein, que nul léger nuage
   N'en ternisse l'aimable azur ;
Pour rendre à notre Mère un glorieux hommage,
   Serait-il jamais assez pur ?
   Zéphirs, retenez votre haleine ;
   Oiseaux, chantez vos doux concerts !
   Que le beau nom de notre Reine
   Soit le seul chant de l'univers.   O toi, etc.

Que le ciel en ce jour, versant sur la nature
 Ses parfums les plus précieux,
Se plaise à prodiguer les fleurs et la verdure :
 Notre Mère est Reine des cieux.
 Oui, qu'à la louer tout conspire,
 Que tout s'accorde à l'exalter !
 Tout l'univers est son empire,
 Tout l'univers doit la fêter !  O toi, etc.

Et vous, enfants pieux, qui dans cette chapelle
 Viendrez désormais chaque jour
Présenter votre hommage à la Vierge fidèle
 Et former sa modeste cour ;
 O vous, qui désirez lui plaire
 Par votre saint empressement,
 De son aimable sanctuaire
 Soyez le plus bel ornement.  O toi, etc.

Aux fleurs que le printemps sème sur son passage,
 Joignez les fleurs de vos vertus ;
Ce sont là les présents qu'elle attend de votre âge,
 Et les fleurs qu'elle aime le plus.
 Présentez-lui de préférence
 La violette et l'humilité ;
 Les lis unis à l'innocence,
 Les roses à la charité.  O toi, etc.

Que son nom, au matin du printemps qui com-
 Éclate en cent lieux à la fois ! [mence,
En ce mois, tout ressent sa bénigne influence ;
 Que tout la célèbre en ce mois !

Décorez l'autel de Marie
Des plus gracieuses couleurs :
Aux fleurs ses pas donnent la vie,
Ainsi n'épargnez pas les fleurs !. O toi, etc.

## II.

O mois heureux,
Que notre âme attendrie
Depuis longtemps appelait de ses vœux !
O mois des fleurs ! sois le mois de Marie :
Brille pour nous plus pur, plus radieux ;
O mois heureux !

Coulez, beaux jours,
Jours chers à l'innocence,
Jours où nos cœurs à Marie ont recours,
Jours qu'a choisis notre reconnaissance,
Jours dont Marie embellira le cours ;
Coulez, beaux jours.

Offrons des fleurs
A notre tendre Mère,
Consacrons-lui ses présents et nos cœurs :
Le lis si pur, la rose printanière,
La violette aux modestes couleurs ;
Offrons des fleurs.

Petits oiseaux
Que le printemps ramène,
Célébrez tous par des concerts nouveaux
De l'univers l'aimable souveraine

2

Et choisissez de vos chants les plus beaux,
Petits oiseaux.

O nom chéri !
Que les oiseaux bénissent,
Nous t'écrirons sur l'arbuste fleuri ;
Que de toi seul les échos retentissent,
Et que nos voix te chantent à l'envi,
O nom chéri !

Tendres agneaux,
Sous ce soleil prospère,
Suivons Marie au bord des clairs ruisseaux.
Sous ta houlette, ô divine Bergère !
Soyons du ciel le plus cher des troupeaux,
Tendres agneaux.

O mois heureux !
Sois pour nous sans nuages,
Que ton azur longtemps charme nos yeux.
De notre Reine, ah ! sois pour nous l'image,
Et resplendis de tout l'éclat des cieux,
O mois heureux !

## Immaculée Conception.

Quelle est cette fleur d'innocence,
Éclose d'un rameau flétri ?
Quel est ce beau lis qui s'élance,
Pur comme un rayon du midi ?

Du péché, des maux et des larmes,
Cette terre est l'affreux séjour ;
Mais le ciel, lui prêtant ses charmes,
Veut l'en préserver en ce jour.

Du vice le souffle funeste
N'a pas empoisonné son cœur ;
Jamais de sa vertu céleste
Le mal ne ternit la splendeur :
Chef-d'œuvre de la main divine,
Qui pourra nous peindre tes traits ?
Et de ta sublime origine,
Qui nous dira tous les secrets ?

Des chaînes d'un dur esclavage
Rien ne pourra la garantir ;
Fille d'Adam, dans son naufrage,
Comme nous elle va périr ;
Mais Dieu déployant sa puissance,
Du déluge apaise les flots ;
Il dit, et l'arche d'alliance
Vogue en paix sur le sein des eaux.

Du haut des cieux, Vierge puissante,
Laisse-toi toucher de nos maux :
Hélas ! d'une chaîne pesante
Nous traînons les tristes anneaux.
A vivre au milieu des alarmes
Sommes-nous toujours destinés ?
A nous nourrir d'un pain de larmes
Le ciel nous a-t-il condamnés ?

Souviens-toi qu'en brisant la tête
Du plus orgueilleux des tyrans,
Du monde tu fis la conquête,
Et nous devînmes tes enfants !
Jésus t'a mise sur le trône,
C'est à toi de prier pour nous ;
Si ton amour nous abandonne,
Qui pourra fléchir son courroux ?

Que je te révère, ô Marie !
Ô rejeton béni des cieux !
Mère de Dieu, toi dont la vie
Ne connut que des jours heureux !
Tu sortis et pure et parfaite
Des mains saintes du Tout-Puissant,
Car tu devais briser la tête
Et l'antique orgueil du serpent.

---

### Nativité de la Sainte-Vierge

Quel beau jour vient s'offrir à notre âme ravie,
   Nous inspirer des chants joyeux !
Les temps sont accomplis, Dieu prépare en Marie
   L'accord de la terre et des cieux.
Cette terre ingrate et rebelle
   Du ciel provoquait le courroux ;
Vierge humble, modeste et fidèle,
   C'est toi qui vas nous sauver tous.

Chantons cette fête chérie,
Ce jour de grâce et de bonheur,
Et que le doux nom de Marie
Règne à jamais dans notre cœur.

Triomphez, ô mortels ! et que l'enfer frémisse ;
  Tous ses efforts sont impuissants :
Dieu, qui fait embrasser la paix et la justice,
  Va vous adopter pour enfants.
  Ah ! puisqu'il devient notre frère,
  Rien ne doit manquer à nos vœux ;
  Il sait bien qu'il faut une mère
  A l'homme faible et malheureux.
    Chantons, etc.

C'est le fils du grand Dieu que tout le ciel adore,
  Qui viendra nous porter la paix ;
Il veut qu'un si beau jour ait aussi son aurore,
  Prélude de tous ses bienfaits :
  Pouvait-il donner à la terre
  Des gages plus consolateurs ?
  Il s'annonce par une mère,
  N'est-ce pas tout dire à nos cœurs ?
    Chantons, etc.

La nature et la grâce à l'envi l'ont parée,
  Elle est un chef-d'œuvre naissant ;
Rien ne ternit l'éclat de cette arche sacrée,
  Qu'habitera le Tout-Puissant :
  Elle étonne et ravit les anges
  Prosternés devant son berceau,

Et leurs lyres pour ses louanges
N'ont plus de concert assez beau.
    Chantons, etc.

Voyez éclore un lis, et sa tige éclatante
    Exhaler la plus douce odeur;
Telle est à son berceau votre reine naissante,
    Pleine de grâce et de douceur.
  L'amour, la candeur, l'innocence
  Accompagnent ses premiers pas;
  O l'heureuse, ô l'aimable enfance!
  Pourrions-nous ne l'imiter pas?...
    Chantons, etc.

---

## Nom de Marie.

### I.

Marie!... ô nom que l'enfance
Invoque au jour du danger,
Sois notre cri de défense
Contre un monde mensonger!
Il nous parle de ses fêtes
Pour enflammer nos désirs;
Mais il cache les tempêtes
Sous le voile du plaisir!

Marie!... ô nom d'espérance
Pour le cœur des malheureux,
Aux longs jours de la souffrance,
Fais-moi souvenir des cieux!

Dans cette vallée amère
Me faut-il rester encor !
Ah ! vers toi, ma douce mère,
Quand prendrai-je mon essor ?

Marie !... ô nom qui rappelle
Les charmes de la vertu,
Donne une force nouvelle
Au cœur longtemps abattu.
Sois, à mon âme embrasée,
Ce qu'est à la fleur des champs
La fraîcheur de la rosée,
Ou le souffle du printemps !

Marie !... ô doux nom que j'aime
Plus que le parfum des fleurs,
Baume exhalé du ciel même
Pour adoucir nos douleurs,
Sois comme un pieux sourire
Sur mes lèvres nuit et jour,
Et que mon cœur ne respire
Que pour le divin amour !

## II.

Dans nos concerts
Bénissons le nom de Marie,
Dans nos concerts
Consacrons-lui nos chants divers,
Que tout l'annonce et le publie,
Et que jamais on ne l'oublie
Dans nos concerts.

Qu'un nom si doux
Est consolant ! qu'il est aimable !
   Qu'un nom si doux
Doit avoir de charme pour nous !
Après Jésus, mon adorable,
Est-il rien de plus vénérable
   Qu'un nom si doux ?

   Ce nom sacré
Est digne de tout notre hommage ;
   Ce nom sacré
Doit être partout honoré.
Qu'il puisse toujours d'âge en âge
Être révéré davantage,
   Ce nom sacré !

   Nom glorieux,
Que tout respecte ta puissance,
   Nom glorieux
Et sur la terre et dans les cieux.
De Dieu tu calmes la vengeance,
Tu nous assures sa clémence,
   Nom glorieux.

   Par ton secours,
L'âme, à son Dieu toujours fidèle,
   Par ton secours
Dans la vertu coule ses jours.
Sa ferveur, son amour, son zèle,
Se nourrit et se renouvelle
   Par ton secours.

## Présentation de la Sainte-Vierge.

O divine Marie,
Patronne de ces lieux,
Au matin de la vie
Vous vous donnez aux cieux.
Toujours pur et sans tache,
Déjà brûlant d'ardeur,
Votre cœur ne s'attache
Qu'à votre Créateur.

Vivant dans son saint temple,
Vous m'êtes, en ce lieu,
Le plus touchant exemple
Pour m'attirer à Dieu :
A chaque instant votre âme
Croît en grâce, en ferveur ;
L'amour qui vous enflamme
Vous rend chère au Seigneur.

A l'ombre de vos ailes,
Nous osons aujourd'hui,
Devenus plus fidèles,
Nous consacrer à lui.
Offrez-nous, tendre Mère :
Présentés de vos mains,
Nous ne saurions déplaire
A ses regards divins.

O doux Sauveur, vrai Père
Des pécheurs pénitents,

De votre auguste Mère,
Recevez les enfants ;
Dans votre heureux service
Nous voulons expirer ;
Que jamais rien ne puisse
De vous nous séparer.

## Annonciation.

Fille des rois, ô Vierge aimable !
Parais, sors de l'obscurité ;
Et reçois le prix ineffable
Que tes vertus ont mérité.

Les serments du Dieu très-fidèle,
O Vierge, se sont accomplis ;
Quel bonheur pour une mortelle !
Un Dieu va devenir ton fils.

Dans ta demeure solitaire
Je vois un ange descendu :
O prodige ! ô grâce ! ô mystère !
Dieu parle, et le Verbe est conçu.

Mortels, d'une tige coupable,
Rejetons en naissant flétris,
Dieu brise le joug déplorable
Qui chargeait nos aïeux proscrits.

Mais Dieu même en ce jour nous presse
Ne résistons plus à sa voix ;

Sachons répondre à sa tendresse
En nous soumettant à ses lois.
Il répand des grâces nouvelles
Sur ses plus généreux enfants :
Soyons-lui donc enfin fidèles,
Comme il le fut à ses serments.

## Maternité divine de la Sainte-Vierge.

D'une mère chérie
Célébrons les grandeurs ;
Consacrons à Marie
Et nos voix et nos cœurs,

De concert avec l'ange,
Quand il la salua,
Disons à sa louange
Un *Ave, Maria.*

Modeste créature,
Elle plut au Seigneur,
Et vierge toujours pure
Enfanta le Sauveur.
    De concert, etc.

Nous étions la conquête
Du tyran des enfers ;
En écrasant sa tête,
Elle a brisé nos fers.
    De concert, etc.

Que l'espoir se relève,
En nos cœurs abattus,
Par cette nouvelle Eve
Les cieux nous sont rendus.
    De concert, etc.

O Marie ! ô ma mère !
Prenez soin de mon sort ;
C'est en vous que j'espère
En la vie, à la mort.
    De concert, etc.

O céleste lumière,
O source de bonheur,
Exaucez la prière
Que vous offre mon cœur.
    De concert, etc.

Obtenez-nous la grâce,
A notre dernier jour,
De vous voir face à face
Au céleste séjour.
    De concert, etc.

## Compassion de la Sainte-Vierge.

### *Stabat Mater.*

Stabat Mater dolorosa,
Juxta crucem lacrymosa,
Dum pendebat Filius.

Cujus animam gementem,
Contristatam et dolentem,
Pertransivit gladius.

O quam tristis et afflicta
Fuit illa benedicta
Mater Unigeniti!

Quæ mœrebat et dolebat,
Et tremebat, cum videbat
Nati pœnas inclyti.

Quis est homo qui non fleret,
Christi Matrem si videret
In tanto supplicio?

Quis posset non contristari,
Piam Matrem contemplari
Dolentem cum Filio?

Pro peccatis suæ gentis
Vidit Jesum in tormentis,
Et flagellis subditum.

Vidit suum dulcem Natum
Morientem, desolatum,
Dum emisit spiritum.

Eia, Mater, fons amoris,
Me sentire vim doloris
Fac, ut tecum lugeam.

Fac ut ardeat cor meum
In amando Christum Deum,
Ut illi complaceam.

Sancta Mater, istud agas,
Crucifixi fige plagas
Cordi meo valide.

Tui Nati vulnerati,
Jam dignati pro me pati,
Pœnas mecum divide.

Fac me vere tecum flere,
Crucifixo condolere,
Donec ego vixero.

Juxta crucem tecum stare,
Te libenter sociare
In planctu desidero.

Virgo virginum præclara,
Mihi jam non sis amara;
Fac me tecum plangere.

Fac ut portem Christi mortem
Passionis ejus sortem,
Et plagas recolere.

Fac me plagis vulnerari,
Cruce hac inebriari,
Ob amorem Filii.

Inflammatus et accensus,
Per te, Virgo, sim defensus
In die judicii.

Fac me cruce custodiri,
Morte Christi præmuniri,
Confoveri gratiâ.

Quando corpus morietur,
Fac ut animæ donetur
Paradisi gloria.
 Amen.

## Assomption.

### I.

#### ENTRÉE TRIOMPHANTE DE MARIE DANS LE CIEL.

Venez du haut des cieux, légions immortelles
 Qui formez la céleste cour ;
Ouvrez-vous à Marie, ô portes éternelles !
 Ouvrez-lui le divin séjour.
  Elle quitte en ce jour la terre,
  Pleine de gloire et de beauté ;
  Et Jésus introduit sa mère
  Au sein de son éternité.
  Chantons le bonheur de Marie
  Et son triomphe glorieux,
  Et de nos chants que l'harmonie
  Monte avec elle jusqu'aux cieux.  (bis.)

Aux yeux du Tout-Puissant elle fut toujours pure ;
 Par un privilége éclatant,
Le péché n'a jamais imprimé sa souillure
 Sur son cœur toujours innocent.

Célébrez-la par vos louanges,
Immortelles tribus des Saints ;
Elle est plus pure que les Anges,
Plus pure que les chérubins.
Chantons, etc.

Tout retrace à nos yeux l'éclat de sa puissance ;
Partout sa gloire a des autels,
Éternels monuments de la reconnaissance
Et du tendre amour des mortels.
Auprès de Dieu, dans leurs disgrâces,
Elle est le salut des humains ;
Le trésor des célestes grâces
Est dans ses bienfaisantes mains.
Chantons, etc.

## II.

Triomphez, Reine des cieux,
Triomphez, auguste Marie,
Triomphez, Reine des cieux,
Votre bonheur nous rend heureux.
Le ciel et la terre,
O divine Mère,
Le ciel et la terre,
Chantent vos grandeurs ;
Et l'éternelle lumière
Vous revêt de ses splendeurs.
Triomphez, etc.

Brillante couronne,
Que Jésus lui donne ;
Brillante couronne,
Quelle est ta beauté !
Le soleil qui l'environne
Relève sa majesté.
   Triomphez, etc.

Célébrez Marie,
Divine harmonie ;
Célébrez Marie
Par vos saints accords.
Habitants de la Patrie,
Chantez tous dans vos transports :
   Triomphez, etc.

O Reine puissante,
Montrez-vous clémente ;
O Reine puissante,
Ecoutez nos voix ;
Notre âme reconnaissante
Sera fidèle à vos lois.
   Triomphez, etc.

Ah ! que la mémoire
De votre victoire,
Ah ! que la mémoire
De cet heureux jour,
De vos enfants soit la gloire
Et le chant de leur amour.
   Triomphez, etc.

## Puissance et bonté de Marie.

### I.

A ton autel, incomparable Reine,
Nous accourons offrir nos jeunes ans.
Sois de nos cœurs l'unique souveraine,
Adopte-nous ici pour tes enfants.

Oui, nous voulons, ô divine Marie,
Nous consacrer à ton culte en ce jour :
Reçois nos vœux, nos cœurs et notre vie ;
Oui, nous voulons être à toi sans retour.

L'astre du soir, de sa faible lumière,
Guide les pas du tremblant voyageur ;
Pour nous sauver la plus sensible mère
Répand sur nous un rayon protecteur.

Sans son appui, dans ce lieu de misère
Nous ne pouvons que tomber et périr.
Mais elle voit notre douleur amère ;
Nous gémissons, et son cœur va s'ouvrir.

Ah ! dans ce cœur courons cacher nos larmes :
C'est le séjour de la paix, du bonheur ;
Heureux qui peut en connaître les charmes !
Heureux qui peut en goûter la douceur !

Que ton autel soit ton unique asile,
Jusqu'au trépas sois-y notre secours.

Nous l'espérons, et notre cœur tranquille
En se glaçant t'invoquera toujours.

## II.

 De notre Mère
Publions à jamais
 Sur cette terre
La gloire et les bienfaits.
Elle aime la jeunesse ;
Célébrons sa tendresse,
 Et de son cœur
Bénissons la douceur !

 Vierge Marie,
Souris à tes enfants ;
 Mère chérie,
Daigne agréer leurs chants.
Que leurs vœux d'âge en âge
Soient à jamais le gage
 Du tendre amour
Qu'ils te vouent sans retour !

 T'aimer sans cesse,
O Reine de mon cœur !
 T'aimer sans cesse
Fera tout mon bonheur.
Je t'offre mon hommage,
Et je veux, sans partage,
 Vivre pour toi,
Et t'engager ma foi.

Puissante Reine,
Toi qui m'aimas toujours,
Viens dans ma peine
Me prêter ton secours.
Rends-moi les cieux propices,
Et que sous tes auspices
D'un Dieu jaloux
J'apaise le courroux.

En vain le monde
Voudrait me captiver ;
En vain il gronde :
Tu sauras me sauver.
Enfant toujours fidèle,
A l'ombre de ton aile,
Bravant ses traits,
Je trouverai la paix.

Vierge bénie,
Comblé de tes faveurs,
Toute ma vie
Je louerai tes grandeurs :
Empressé de te plaire
Ah ! que je persévère
Dans ton amour
Jusqu'à mon dernier jour.

---

## Marie refuge des pécheurs.

O toi que l'univers appelle
L'espoir, la mère du pécheur,

A tes pieds, ô Vierge fidèle,
Laisse-moi répandre mon cœur.
Auprès de toi, Vierge clémente,
Je veux chercher tout mon secours,
Sûr que ta main compatissante
De mes pleurs tarira le cours.

Le monde me vanta ses fêtes ;
Jouissons, goûtons du plaisir :
De roses couronnons nos têtes,
Le soir vient qui les va flétrir.
Hélas ! à sa voix trop docile,
Je goûtai ses charmes trompeurs
Mais je ne pus vivre tranquille
Parmi ses coupables erreurs.

Car soudain quelle horreur profonde
Du ciel me ravit la clarté !
O Dieu ! dans quel gouffre le monde
En riant m'a précipité !
Cependant au fond de l'abîme
L'espoir ne m'est pas arraché :
Sauvez une pauvre victime,
Mon Dieu, sauvez-moi, j'ai péché !

O bonheur ! le ciel plus prospère
Entend les cris du pénitent :
Je vois une Vierge, une mère,
Qui tend les bras à son enfant.
Que peut désormais la furie
De mes ennemis abattus ?

Je suis sur le sein de Marie...
Monde, enfer, je ne vous crains plus !

Dans ton cœur, ô Vierge puissante,
Je fixe à jamais mon séjour ;
De là je brave la tourmente
Sous l'égide de ton amour ;
De là, comme d'un sûr rivage,
Je vois le pauvre voyageur
Lutter au loin contre l'orage,
Dont je méprise la fureur.

Pour lui j'implore ta tendresse !
Que ta main apaise les flots !
Hélas ! j'ai connu sa détresse,
Je dois compatir à ses maux.
Donne au pèlerin du courage,
Soutiens ses pas prêts à fléchir ;
Donne-lui l'abri du feuillage,
Un peu d'eau pour se rafraîchir.

Donne la joie au cœur qui pleure,
Au blessé ton doux souvenir,
A l'infortune une demeure,
Au pauvre de quoi se vêtir ;
Donne au pécheur la pénitence,
Au juste l'éternel séjour,
Au pauvre exilé l'espérance,
Donne à tous, donne ton amour.

## Paraphrase du Mémorare.

Souvenez-vous, ô tendre Mère,
Qu'on n'eut jamais recours à vous
Sans voir exaucer sa prière,
Et dans ce jour exaucez-nous.

Des siècles écoulés j'interroge l'histoire :
Pour dire ses bienfaits ils n'ont tous qu'une voix ;
Verrai-je en un seul jour s'obscurcir tant de gloi-
L'invoquerais-je en vain pour la première fois? [re?
    Souvenez-vous, etc.

Marie aux vœux de tous prêta toujours l'oreille :
Le juste est son enfant, il peut tout sur son cœur ;
Mais auprès du pécheur jour et nuit elle veille,
Il est son fils aussi, l'enfant de sa douleur !
    Souvenez-vous, etc.

Et moi, de mes péchés traînant la longue chaîne,
Vierge sainte, à vos pieds j'implore mon pardon ;
Me voici tout tremblant, et je n'ose qu'à peine
Lever les yeux vers vous, prononcer votre nom.
    Souvenez-vous, etc.

Mais, quoi ! je sens mon cœur s'ouvrir à l'espé-
Il retrouve la paix, il palpite d'amour ; [rance,
Je n'ai pas vainement imploré sa clémence :
La mère de Jésus est ma mère en ce jour...
    Souvenez-vous, etc.

Mes vœux sont exaucés, puisque j'ai vu ma mère,
Et que d'un feu si doux je me sens enflammé ;
Je dirai donc aussi que, malgré ma misère,
Son cœur m'a répondu quand je l'ai réclamé.
  Souvenez-vous, etc.

Je n'ai plus qu'un désir à former sur la terre ;
O ma Mère, mettez le comble à vos bienfaits :
Que j'expire à vos pieds et dans ce sanctuaire,
Si je ne dois au ciel vous aimer à jamais.
  Souvenez-vous, etc.

## Paraphrase du Salve Regina.

Je vous salue, auguste et sainte Reine,
Dont la beauté ravit les immortels !
Mère de grâce, aimable souveraine,
Je me prosterne aux pieds de vos autels.

Je vous salue, ô divine Marie !
Vous méritez l'hommage de nos cœurs ;
Après Jésus vous êtes et la vie,
Et le refuge et l'espoir des pécheurs.

Fils malheureux d'une coupable mère,
Bannis du ciel, les yeux baignés de pleurs,
Nous vous faisons, de ce lieu de misère,
Par nos soupirs entendre nos douleurs.

Écoutez-nous, puissante protectrice ;
Tournez sur nous vos yeux compatissants !

Et montrez-nous qu'à nos malheurs propice,
Du haut des cieux vous aimez vos enfants.

O douce, ô tendre, ô pieuse Marie !
O vous de qui Jésus reçut le jour :
Faites qu'après l'exil de cette vie
Nous le voyions dans l'éternel séjour.

## Hommage à Marie.

### I.

Trop heureux, enfants de Marie,
Venez entourer ses autels ;
Venez d'une Mère chérie
Chanter les bienfaits immortels.
Et vous, célestes chœurs des Anges,
Prêtez-nous vos divins accords.
Que tout célèbre ses louanges,
Que tout seconde nos transports.

Vierge, le plus parfait ouvrage
Sorti des mains du Créateur,
Beauté pure, heureux assemblage
Et d'innocence et de grandeur,
Quel éclat pompeux t'environne
Au brillant séjour des élus !
Le Très-Haut lui-même couronne
En toi la Reine des vertus.

Astre propice, aimable aurore
Qui nous annonças le Sauveur,

Au faible mortel qui t'implore
Daigne offrir un bras protecteur;
Loin de toi, loin de ma patrie,
Je me consume en vains désirs :
O ma Mère, ô tendre Marie !
Entends la voix de mes soupirs.

Contre la timide innocence,
L'enfer, le monde conjurés,
Veulent ravir à ta puissance
Les cœurs qui te sont consacrés.
Toujours menacé du naufrage,
Toujours rejeté loin du port,
Jouet des vents et de l'orage,
Quel sera donc enfin mon sort ?

Mais déjà le sombre nuage
S'éloigne : je le vois s'enfuir;
Je sens renaître mon courage,
Non, non, je ne saurais périr.
Du sein de la gloire éternelle,
Ma Mère anime mon ardeur ;
Si mon cœur lui reste fidèle,
Par elle je serai vainqueur.

Doux appui de notre espérance,
O Mère de grâce et d'amour,
Heureux qui, dès sa tendre enfance,
A toi s'est voué sans retour ;
Ta main daigne essuyer ses larmes,
Tu le soutiens dans ses combats ;

Il voit le terme sans alarmes,
Et s'endort en paix dans tes bras.

## II.

Tente azurée,
Voûte étoilée,
Que d'astres tu fais resplendir !
    Que de Marie
    Je glorifie,
Aussi souvent le souvenir !

    Séjour des hommes,
    Combien d'atômes
O terre, en ton vaste contour !
    Qu'à cette mère,
    Aimable et chère,
Aussi souvent je jure amour !

    Forêt obscure,
    Riche en verdure,
Combien étends-tu de rameaux ?
    Que pour sa fête
    Ma voix répète,
Aussi souvent des chants nouveaux !

    Fraîche prairie,
    Verte, fleurie,
Combien de brins à ton gazon ?
    Je veux, fidèle
    A mon saint zèle,
Aussi souvent chanter son nom.

Toi, mer profonde,
Qui ceins le monde,
Combien as-tu de gouttes d'eau ?
Ah ! sur ma lyre
Je veux redire
Aussi souvent ce nom si beau.

Vie immortelle,
Paix éternelle,
Combien d'heures peux-tu compter ?
Dans l'allégresse
De ton ivresse
Aussi longtemps je veux l'aimer.

## Cantique en l'honneur du Cœur de Marie.

Cœur sacré de Marie,
Cœur tout brûlant d'amour,
Cœur que la terre envie
Au céleste séjour,
Communique à nos âmes
Un rayon de ce feu,
De ces divines flammes
Dont tu brûlas pour Dieu.

Sanctuaire ineffable
Où reposa Jésus,
O source intarissable
De toutes les vertus !

Percé sur le Calvaire
D'un glaive de douleurs,
Tu ne vois sur la terre
Que mépris, que froideurs.

Cœur tendre, Cœur aimable.
Des pécheurs le secours,
Leur malice exécrable
Te perce tous les jours.
Ah ! puissent nos hommages
Réparer aujourd'hui
Tant de sanglants outrages
Qu'on te fait à l'envi!

Montre-toi notre mère ;
De tes enfants chéris
Reçois l'humble prière
Pour l'offrir à ton fils.
Conduis-nous sous ton aile
Jusqu'au cœur de Jésus :
Une mère peut-elle
Essuyer un refus ?

## DERNIERS JOURS DU MOIS DE MARIE.

*Non dimittam te donec,
benedixeris mihi.* (Genèse.)

Il va finir,
Ce mois de notre Mère,
Ce mois d'amour et d'innocent plaisir,
Plus vite encor que la rose éphémère

Ne tombe et meurt au souffle du zéphir,
 Il va finir !

   O mois heureux !
  Tu ne fais que d'éclore ;
Hier tu parus pour embellir ces lieux.
Faut-il, hélas ! que ta dernière aurore
Vienne déjà se lever à nos yeux,
   O mois heureux !

   D'un pas plus lent
  Marque ta dernière heure ;
Tes premiers jours n'ont duré qu'un instant ;
Le temps, si long au malheureux qui pleure,
Devrait marcher, pour notre cœur content,
   D'un pas plus lent.

   Mais c'en est fait,
   Déjà se décolore
Le dernier jour du mois qui disparaît !
Adieu, beaux jours ! vous dureriez encore
Si ce retard de mon cœur dépendait ;
   Mais c'en est fait !

   Du moins, mon cœur,
   Répare envers ta Mère
Tous les instants passés dans la tiédeur ;
Son mois finit : as-tu fait pour lui plaire
Ce que l'amour demande à la ferveur ?
   Réponds, mon cœur !

   Pardonne-moi,
   O divine Marie !

Oui, je l'avoue, hélas ! combien de fois
Fus-je, en ce lieu, sans ferveur et sans vie,
Quand tout vivait, tout brûlait près de toi ;
    Pardonne-moi !

    A tes bienfaits
  Désormais plus fidèle,
Je veux te suivre et t'aimer à jamais !
Et si ton mois a pu me voir rebelle,
Son dernier jour éclaire mes regrets,
    Nouveaux bienfaits !

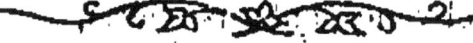

## CLOTURE DU MOIS DE MARIE.

Vous qu'en ces lieux combla de ses bienfaits
    Une mère auguste et chérie,
Enfants de Dieu, que nos chants à jamais
    Exaltent le nom de Marie.
Je vois monter tous les vœux des mortels
    Vers le trône de sa clémence ;
Tout à sa gloire élève des autels
    Des mains de la reconnaissance.

Nous qu'en ces lieux combla de ses bienfaits
    Une mère auguste et chérie,
Enfants de Dieu, que nos chants à jamais
    Exaltent le nom de Marie.

Ici sa voix, puissante sur nos cœurs,
    A la vertu nous encourage ;

Sur le saint joug elle répand des fleurs ;
    Notre innocence est son ouvrage.
Combien de fois sa prévoyante main,
    De l'ennemi rompit la trame !
Nous la priions, et nous sentions soudain
    La paix descendre dans notre âme.
Nous qu'en ces lieux, etc.

Si vous avez dans toute sa fraîcheur
    Conservé la tendre innocence,
Ah ! votre mère en a sauvé la fleur ;
    Elle vous garda dès l'enfance.
A son autel venez, enfants chéris,
    Savourer de saintes délices,
Consacrez-lui vos cœurs et vos esprits ;
    Elle en mérite les prémices.
Nous qu'en ces lieux, etc.

## Consécration à la Sainte-Vierge.

Mère de Dieu, quelle magnificence
Orne aujourd'hui ton aimable séjour !
C'est en ces lieux qu'à tes pieds mon enfance
Vint autrefois te vouer mon amour.
    Tendre Marie
      O mon bonheur !
    Toujours chérie,
    Tu vivras dans mon cœur.

O mon refuge ! ô Marie ! ô ma mère !
Combien sur moi tu versas de bienfaits !

Combien de fois, dans ce doux sanctuaire,
Mon triste cœur a retrouvé la paix !
  Tendre Marie, etc.

Dans les combats que livre à l'innocence
Le monstre affreux qui perdit l'univers,
Reine des cieux, tu soutins ma constance,
Tu confondis la rage des enfers.
  Tendre Marie, etc.

Lorsqu'au Seigneur mon cœur devint parjure,
Fatal moment ! ô cruel souvenir !
A ton autel, pour laver mon injure,
Je vins verser les pleurs du repentir.
  Tendre Marie, etc.

Anges, soyez témoins de ma promesse ;
Cieux, écoutez ce serment solennel :
Oui, c'en est fait, mon cœur plein de tendresse
Jure à Marie un amour éternel.
  Tendre Marie, etc.

Mon œil à peine avait vu la lumière,
Et ton amour veillait sur mon berceau ;
Tous mes instants, ô mon aimable mère !
Furent marqués par un bienfait nouveau.
  Tendre Marie, etc.

Si je devais, infidèle et volage,
Un seul moment cesser de te chérir,
Tranche mes jours à la fleur de mon âge,
Je t'en conjure, ah ! laisse-moi mourir.
  Tendre Marie, etc.

## REFRAINS DE CANTIQUES
DONT LES STROPHES SONT CHANTÉES EN SOLO.

### I.

A tes pieds, ô mère chérie,
Nous venons tous nous réunir ;
Encore une fois, ô Marie,
Etends tes bras pour nous bénir. } *bis.*

### II.

Marie, elle est notre patronne,
Des chrétiens le puissant secours ;
Marie, elle est pour nous si bonne,
Jurons, jurons de l'aimer toujours.

### III.

Au scours,
  Vierge Marie !
Hâte-toi, viens sauver mes jours ;
C'est ton enfant qui t'en supplie,
  Vierge Marie,
    Au secours.   (*bis.*)

## IV.

Contemplare
Et mirare
Ejus celsitudinem
Dic Felicem
Genitricem
Dic Mariam Virginem.

### Memorare.

Memorare o piissima Virgo Maria, nunquam esse auditum à seculo quemquam ad tua currentem præsidia, tua implorantem auxilia, tua petentem suffragia esse derelictum; ego tali animatus fiduciâ ad te, virgo virginum, mater, curro, ad te venio, coram te gemens peccator assisto. Noli mater verbi, verba mea despicere, sed audi propitia, et exaudi. — Amen.

---

Souvenez-vous, ô très-miséricordieuse Vierge Marie ! qu'on n'a jamais entendu dire qu'aucun de ceux qui ont eu recours à votre protection, qui ont imploré votre assistance et réclamé votre secours, ait été abandonné de vous. Animé d'une pareille confiance, je cours vers vous, Vierge des vierges et notre Mère, je viens à vos pieds ; me voici devant vous, gémissant sous le poids de mes péchés. Ne rejetez pas, ô Mère de Dieu ! mes humbles prières, mais écoutez-les favorablement, et daignez les exaucer. — Ainsi soit-il.

## Ave, maris stella.

Ave, maris stella,
Dei mater alma,
Atque semper Virgo,
Felix cœli porta.

Sumens illud Ave
Gabrielis ore,
Funda nos in pace
Mutans Evæ nomen.

Solve vincla reis,
Profer lumen cæcis,
Mala nostra pelle,
Bona cuncta posce.

Monstra te esse matrem;
Sumat per te preces
Qui pro nobis natus
Tulit esse tuus.

Virgo singularis,
Inter omnes mitis,
Nos culpis solutos,
Mites fac et castos.

Vitam præsta puram,
Iter para tutum,
Ut videntes Jesum
Semper collætemur.

Sit laus Deo Patri,
Summum Christo decus,
Spiritui compar
Tribus honor unus. Amen.

# PROCESSIONS.

## PROCESSIONS SOLENNELLES
A la chapelle de la Sainte-Vierge.

### Cantique du départ.

Je veux célébrer par mes louanges
La gloire de la Reine des cieux :
Et m'unissant aux concerts des anges,
Je m'engage à la chanter comme eux. *(bis.)*

Sur vos pas, ô divine Marie !
Plus heureux qu'à la suite des rois,
Dès ce jour, et pour toute ma vie,
Je m'engage à vivre sous vos lois. *(bis.)*

Si, du monde écoutant le langage,
Du plaisir j'ai cherché les attraits,
A vous offrir mon fervent hommage
Je m'engage aujourd'hui pour jamais. *(bis.)*

Toujours constant et toujours sincère,
Par un vif et généreux amour,
A servir, à chérir une mère,
Je m'engage aujourd'hui sans retour. *(bis.)*

Mère sensible et compatissante,
Soutiens au milieu des combats
Les efforts d'une troupe innocente,
Qui s'engage à marcher sur tes pas.  (*bis.*)

Tu n'es plus qu'une terre étrangère,
Pour moi, monde volage et trompeur ;
Je ne veux que servir une mère
Qui s'engage à faire mon bonheur.  (*bis.*)

## La bannière et le saint nom de Marie.

Ornons de fleurs notre blanche bannière,
Réunissons et la rose et le lis ;
Brûlons l'encens, la fête de la mère
Doit être unie à la fête du Fils.

  O Vierge aimée,
   Pour toi toujours
  L'âme enflammée
  Brûle d'un saint amour.

Honneur et gloire au saint nom de Marie !
Ce nom suffit à toutes les douleurs ;
Avec le ciel il nous réconcilie,
Et de l'orage il calme les fureurs.

  O Vierge, etc.

Flotte sur nous, éclatante bannière ;
Conduis au ciel les cœurs que tu défends,

Nous te suivons: l'image d'une mère
Sera toujours l'honneur de ses enfants.
  O Vierge, etc.

Que, répété, le doux nom de Marie
Dans ce grand jour vienne charmer les cœurs!
Et nous verrons, à sa fête chérie,
L'enfer vaincu sous les pieds des vainqueurs.
  O Vierge, etc.

Mère du Christ, Reine en tous lieux bénie,
De notre cœur garde la pureté!
La fleur des champs ne sera point flétrie,
L'aquilon fuit à ton nom redouté.
  O Vierge, etc.

Vois à tes pieds les enfants du rosaire;
Leurs chants sont purs et leurs fronts radieux;
Ah! viens souvent les voir sur cette terre;
Près de leur mère il sont plus près des cieux.
  O Vierge, etc.

Plaisirs mondains, la pompe de vos fêtes!
Près de Marie a perdu sa splendeur!
Dans votre sein vous cachez des tempêtes,
Près de Marie on trouve le bonheur.
  O Vierge, etc.

Viens, ô Marie, à notre heure dernière,
Et dans le ciel nous serons triomphants;
Le Rédempteur, à la voix de sa mère,
Auprès de lui recevra ses enfants.
  O Vierge, etc.

## Magnificat.

Magnificat * anima mea Dominum;
Et exultavit spiritus meus * in Deo salutari meo :

Quia respexit humilitatem ancillæ suæ; * ecce enim ex hoc beatam me dicent omnes generationes.

Quia fecit mihi magna qui potens est : * et sanctum nomen ejus;

Et misericordia ejus a progenie in progenies * timentibus eum.

Fecit potentiam in brachio suo; * dispersit superbos mente cordis sui.

Deposuit potentes de sede, * et exaltavit humiles.

Esurientes implevit bonis, * et divites dimisit inanes.

Suscepit Israel puerum suum, * recordatus misericordiæ suæ;

Sicut locutus est ad patres nostros, * Abraham et semini ejus in sæcula.

Gloria Patri, etc.

## Litanies de la Sainte-Vierge.

Kyrie, eleison.
Christe, eleison.
Kyrie, eleison.
Christe, audi nos.
Christe, exaudi nos.
Pater de cœlis, Deus, miserere nobis.
Fili, Redemptor mundi, Deus, miserere nobis.
Spiritus sancte, Deus, miserere nobis.
Sancta Trinitas, unus Deus, miserere nobis.
Sancta Maria, ora pro nobis.
Sancta Dei genitrix, ora pro nobis.
Sancta Virgo virginum,
Mater Christi,
Mater divinæ gratiæ,
Mater purissima,
Mater castissima,
Mater inviolata,
Mater intemerata,
Mater amabilis,
Mater admirabilis,

Mater Creatoris,
Mater Salvatoris,
Virgo prudentissima,
Virgo veneranda,
Virgo prædicanda,
Virgo potens,
Virgo clemens,
Virgo fidelis,
Speculum justitiæ,
Sedes sapientiæ,
Causa nostræ lætitiæ,
Vas spirituale,
Vas honorabile,
Vas insigne devotionis,
Rosa mystica,
Turris Davidica,
Turris eburnea,
Domus aurea,
Fœderis arca,
Janua cœli,
Stella matutina,
Salus infirmorum,
Refugium peccatorum,
Consolatrix afflictorum,
Auxilium Christianorum,

Ora pro nobis.

Regina Angelorum,
Regina Patriarcharum,
Regina Prophetarum,
Regina Apostolorum,
Regina Martyrum,
Regina Confessorum,
Regina Virginum,
Regina Sanctorum omnium,
Regina cleri,
Regina sine labe concepta,
Agnus Dei, qui tollis peccata mundi, parce nobis, Domine.
Agnus Dei, qui tollis peccata mundi, exaudi nos, Domine.
Agnus Dei, qui tollis peccata mundi, miserere nobis.
Christe, audi nos.
Christe, exaudi nos.

℣. Ora pro nobis, sancta Dei Genitrix,

℟. Ut digni efficiamur promissionibus Christi.

## Acte de Consécration à la Sainte-Vierge.

O Marie ! notre mère et notre reine, Vierge des vierges et glorieuse mère de notre Dieu, humblement prosternés à vos pieds, nous nous consacrons à vous sans partage et sans retour. Daignez, en ce moment, nous recevoir au nombre de ces pieux enfants plus spécialement destinés à vous honorer dans cette maison sainte, et sur lesquels vous aimez à répandre vos plus abondantes bénédictions. Nous nous abandonnons en ce moment, et pour toujours, à votre tendre affection : nos saintes résolutions, nos esprits et nos cœurs, nos combats et nos peines, nos faiblesses même, notre vie et ses derniers instants, nous confions tout à votre amour, à votre cœur de mère. Revêtus de vos aimables et glorieuses livrées, nous n'oublierons jamais quelle édification nous devons dès ce jour à tous nos frères ; et bien convaincus que ce ne sont pas ceux qui vous disent : Ma mère, ma mère, mais ceux qui vous imitent, qui sont vos vrais enfants, nous nous efforcerons de retracer en nous quelque chose de vos vertus : votre ardente charité, votre humilité profonde, votre incomparable innocence, votre douceur.

Puissions-nous, fidèles à ces promesses, conserver jusqu'à la fin dans nos cœurs votre amour et celui de Jésus, afin qu'après vous avoir imitée et chérie dans le temps, nous puissions vous contempler, vous bénir et vous aimer dans l'éternité. Amen.

## PROCESSION DU T.-S. SACREMENT.

### I.

Troupe innocente
D'enfants chéris des cieux,

Dieu vous présente
Son festin précieux ;
Il veut, ce doux Sauveur,
Entrer dans votre cœur.
Dans cette heureuse attente,
Soyez plein de ferveur,
Troupe innocente.

ACTE DE FOI ET D'ADORATION.

Mon divin Maître !
Par quel amour, coment
Daignez-vous être
Dans votre sacrement ?
Vous y venez pour moi ;
Plein d'une vive foi,
J'y viens vous reconnaître
Pour mon Sauveur, mon Roi,
Mon divin Maître.

ACTE D'HUMILITÉ.

Dieu de puissance,
Je ne suis qu'un pécheur ;
Votre présence
Me remplit de frayeur ;
Mais pour voir effacés
Tous mes péchés passés,
Un seul trait de clémence
Un mot seul est assez,
Dieu de puisance.

### ACTE DE CONTRITION.

Mon tendre Père !
Acceptez les regrets
 D'un cœur sincère,
Honteux de ces excès :
Vous m'en verrez gémir
Jusqu'au dernier soupir.
Avant de vous déplaire,
Puissé-je ici mourir,
 Mon tendre Père !

### ACTE D'AMOUR.

Plus je vous aime,
Plus je veux vous aimer,
 O bien suprême,
Qui seul peut me charmer.
Mais, ô Dieu plein d'attraits !
Quand avec vos bienfaits
Vous vous donnez vous-même,
Plus en vous je me plais,
 Plus je vous aime.

### ACTE DE DÉSIR.

Que je désire
De ne m'unir qu'à vous !
 Que je soupire
Après un bien si doux !

Oh ! quand pourra mon cœur
Goûter tout le bonheur
D'être sous votre empire ?
Hâtez-moi la faveur
Que je désire.

II.

Chantons en ce jour
Jésus et sa tendresse extrême ;
Chantons en ce jour
Et ses bienfaits et son amour.
Il a daigné lui-même
Descendre dans nos cœurs ;
De ce bonheur suprême
Célébrons les douceurs.
Chantons, etc.

O Dieu de grandeur
Plein de respect, je vous révère,
O Dieu de grandeur
J'adore dans vous mon Seigneur.
Si ce profond mystère
Vient éprouver ma foi,
C'est l'amour qui m'éclaire
Et vous découvre à moi.
O Dieu, etc.

Mon divin époux,
Mon âme à vous seul s'abandonne ;

Mon divin époux,
Mon âme n'a d'espoir qu'en vous.
Que l'enfer gronde et tonne,
Qu'il s'arme de fureur ;
Il n'a rien qui m'étonne :
Jésus est dans mon cœur.
Mon divin, etc.

Aimons le Seigneur,
Ne cherchons jamais qu'à lui plaire ;
Aimons le Seigneur !
Il fera seul notre bonheur.
Ami le plus sincère,
Généreux bienfaiteur,
Il est plus, il est père :
Donnons-lui notre cœur.
Aimons, etc.

Pour tous vos bienfaits
Que vous offrir, ô divin Maître ?
Pour tous vos bienfaits
Je me donne à vous pour jamais.
En moi je sentis naître
Les transports les plus doux,
Quand je pus vous connaître
Et m'attacher à vous.
Pour tous, etc.

O Dieu tout-puissant,
Par ta divine providence,

O Dieu tout puissant,
Conserve mon cœur innocent.
Dès la plus tendre enfance
Tu guidas tous mes pas ;
Soutiens mon innocence,
Couronne mes combats.
O Dieu, etc.

### III.

Par les chants les plus magnifiques,
Sion, célèbre ton Sauveur ;
Exalte dans tes saints cantiques
Ton Dieu, ton chef et ton pasteur ;
Redouble aujourd'hui, pour lui plaire,
Tes transports, tes soins empressés :
Jamais tu n'en pourras trop faire, }
Tu n'en feras jamais assez. } *bis.*

Ouvre ton cœur à l'allégresse,
A tout le feu de tes transports,
Lorsque son immense largesse
T'ouvre elle-même ses trésors :
Près de consommer son ouvrage,
Il consacre son dernier jour,
A te laisser ce tendre gage }
Qui mit le comble à son amour. } *bis.*

Offert sur la table mystique,
L'Agneau de la nouvelle loi,

Termine enfin la Pâque antique
Qui figurait le nouveau roi ;
La vérité succède à l'ombre,
La loi de crainte se détruit ;
La clarté chasse la nuit sombre,
Et la loi de grâce nous luit. } bis.

Jésus de son amour extrême
Veut éterniser le bienfait :
Ce que d'abord il fit lui-même
Le prêtre à son ordre le fait ;
Il change, ô prodige admirable,
Qui n'est aperçu que des cieux
Le pain en son corps adorable,
Le vin en son sang précieux. } bis.

L'œil se méprend, l'esprit chancelle :
Il cherche d'un Dieu la splendeur ;
Mais toujours ferme, un vrai fidèle
Sans hésiter voit son Seigneur ;
Son sang pour nous est un breuvage,
Sa chair devient notre aliment ;
Les espèces sont le nuage
Qui nous le couvre au Sacrement. } bis.

On voit le juste et le coupable
S'approcher du banquet divin,
Se ranger à la même table,
Prendre place au même festin ;
Chacun reçoit la même hostie ;
Mais qu'ils diffèrent dans leur sort

Le juste tremble et boit la vie, } bis.
L'impie affronte et boit la mort.

bis. { Ce fils, sous la main paternelle,
Près de se voir percer le flanc,
Cette victime solennelle
Dont l'Hébreu vit couler le sang;

La manne, au goût délicieuse,
Qui tous les jours tombait des cieux,
Sont la figure précieuse } bis.
Du prodige offert à nos yeux.

bis. { Je te salue, ô pain de l'Ange,
Aujourd'hui pain du voyageur,
Toi que j'adore et que je mange,
Ah! viens dissiper ma langueur.

bis. { Loin de toi l'impur, le profane,
Pain réservé pour les enfants,
Mets des élus, céleste manne,
Objet seul digne de nos chants.

bis. { Au secours de notre misère
Jésus se livre entièrement;
Dans la crèche il est notre frère,
Et sur l'autel notre aliment;

bis. { Quand il mourut sur le Calvaire,
Il fut la rançon du pécheur;
Triomphant dans son sanctuaire,
Il est du juste le bonheur.

Honneur, amour, louange et gloire
Te soient rendus, ô bon Pasteur!

Vis à jamais dans ma mémoire,
Sois toujours gravé dans mon cœur.
O pain des forts ! par ta puissance
Soulage mon infirmité ;
Fais que nourri de ta substance ⎱ bis.
Je règne dans l'éternité. ⎰

---

## Invocation au sacré Cœur de Jésus.

Cœur de Jésus ! ô divin sanctuaire !
Sacré foyer de l'éternel amour !
Cœur de Jésus ! je t'offre ma prière, ⎱ bis.
Et mon hommage et mes vœux en ce jour. ⎰

Cœur de Jésus ! que le ciel et la terre
Par leurs concerts célèbrent tes bienfaits !
Cœur de Jésus, que le monde révère ⎱ bis.
Et tes grandeurs et tes divins attraits ! ⎰

Cœur de Jésus, que les pécheurs implorent,
Toi seul entends les plaintes du malheur !
Cœur de Jésus que tous les cœurs adorent, ⎱ bis.
Toi seul du juste es toujours le bonheur ! ⎰

Cœur de Jésus, des cœurs le plus aimable,
Je veux toujours t'aimer et te bénir !
Cœur de Jésus, seul trésor désirable, ⎱ bis.
Oui, pour toi seul je veux vivre et mourir ! ⎰

Cœur de Jésus, garde mon innocence,
Sois ma victoire au milieu des combats !

Cœur de Jésus, mon unique espérance, \
Sois mon secours à l'heure du trépas ! } bis.

Cœur de Jésus, sois toute ma richesse, \
Sois tout mon bien, ma vie et mon amour. \
Cœur de Jésus, sois toute ma tendresse, \
Sois ma couronne au céleste séjour ! } bis.

## Litanies du sacré Cœur.

Kyrie, eleison. \
Christe, eleison. \
Kyrie, eleison. \
Christe, audi nos. \
Christe, exaudi nos. \
Pater de cœlis Deus, miserere nobis. \
Fili redemptor mundi, Deus, \
Spiritus sancte, Deus, \
Sancta Trinitas, unus Deus, \
Cor Jesu sacratissimum, \
Cor Jesu de Maria natum, \
Cor Jesu hypostatice Verbo unitum, \
Cor Jesu sanctuarium divinitatis, \
Cor Jesu templum omnis sanctitatis, \
Cor Jesu sacrarium omnium gratiarum, \
Cor Jesu divinæ caritatis aditus, } Miserere nobis.

Cor Jesu speculum mansuetudinis et humilitatis,
Cor Jesu exemplar patientiæ et abnegationis,
Cor Jesu lilium cœleste castitatis,
Cor Jesu caminus ardens amoris,
Cor Jesu thesaurus sapientiæ,
Cor Jesu thronus misericordiæ,
Cor Jesu fons apertus contritionis,
Cor Jesu abyssus omnium virtutum,
Cor Jesu fons aquæ salientis ad vitam æternam,
Cor Jesu de cujus plenitudine omnes accipimus,
Cor Jesu cujus deliciæ sunt esse cum filiis hominum,
Cor Jesu prope omnibus invocantibus te,
Cor Jesu pax et reconciliatio nostra,
Cor Jesu propitiatio pro peccatis nostris,
Cor Jesu in horto mœstum et contritum,

Cor Jesu sudore sanguinis exhaustum,
Cor Jesu saturatum opprobriis,
Cor Jesu obediens usque ad mortem crucis,
Cor Jesu in cruce desolatum,
Cor Jesu lancea transfixum,
Cor Jesu sanguine exhaustum,
Cor Jesu cujus livore sanati sumus,
Cor Jesu hostia vivens semperque Deo grata,
Cor Jesu janua patens peccatoribus,
Cor Jesu fortitudo justorum,
Cor Jesu dulcis requies fidelium,
Cor Jesu solamen mœstis,
Cor Jesu robur languentium,
Cor Jesu lumen et vita cordium,
Cor Jesu refugium in tentatione,
Cor Jesu terror dœmonum,
Cor Jesu firma spes agonisantium,
Cor Jesu perseverentia morientium,
Cor Jesu gaudium electorum,

Miserere nobis.

Agnus Dei, qui tollis peccata mundi, parce nobis, Jesu.

Agnus Dei, qui tollis peccata mundi, exaudi nos, Jesu.
Agnus Dei, qui tollis peccata mundi, miserere nobis, Jesu.
Jesu, audi nos.
Jesu, exaudi nos.
℣. Cor Jeru, flagrans amore nostri;
℟. Inflamma cor nostrum amore tui.

Oremus. Concede, quæsumus, omnipotens, ut qui in sacratissimo dilecti Filii tui corde, gloriantes præcipua ejus in nos beneficia recolimus, de cœlesti illo donorum fonte supereffluentem gratiam accipere mereamur. Per eumdem, etc.

Oremus. Deus qui in corde beatæ Mariæ virginis flammas sanctæ dilectionis accendisti, eamque imaginis filii tui eximie conformem effecisti; concede, ut fideli virtutum ipsius imitatione, Christum in nobis exprimere valeamus. Qui tecum vivit, etc.

## Acte de Consécration au sacré Cœur de Jésus.

O Cœur adorable de Jésus, le plus tendre, le plus aimable, le plus généreux de tous les cœurs, qui vous consumez d'amour sur cet autel, environné des Anges qui vous adorent en tremblant, pénétré de reconnaissance et de douleur à la vue de vos bienfaits et de l'ingratitude des hommes, je viens me consacrer à vous sans réserve et sans retour : je viens me dévouer à vous comme une victime chargée de mes péchés et de ceux de mes frères, et particulièrement des outrages qui ont été si souvent commis contre le sacrement de votre amour ; je veux les expier par ma pénitence et ma ferveur, afin de consoler votre amour affligé et de réparer votre gloire outragée. Je veux employer ma vie à propager votre culte et à vous gagner, s'il se peut, tous les cœurs. Vous serez désormais mon refuge dans mes peines, ma lumière, mon espérance, ma force, ma consolation, mon tout. C'est pour vous et par vous seul que j'offrirai à Dieu mes actions, mes prières et mes larmes; ce seront vos sentiments et vos désirs qui régleront ma conduite. En les suivant, je marcherai toujours dans les sentiers de la justice et de la paix.

Recevez donc mon cœur, ô Jésus, ou plutôt prenez-le vous-même; changez-le pour le rendre digne de vous; rendez-le humble, doux, pénitent, généreux comme le vôtre, en l'embrasant de votre amour. Cachez-le dans votre cœur, en l'unissant au cœur immaculé de Marie, afin que je ne le reprenne jamais. Ah! plutôt mourir que de jamais offenser ou contrister votre cœur adorable; mais qu'à la vie, à la mort et dans l'éternité, je sois tout à son amour. Ainsi soit-il.

# PÈLERINAGES.

## PÈLERINAGE A SAINT-AIGNAN D'ORLÉANS.

### III.

### CANTIQUE

Saint Aignan ! c'est pour nous le jeune solitaire,
Qui de Vienne en ces lieux vint cacher sa vertu ;
C'est l'humble et saint abbé que dans son monas-
Saint Laurend abrita, priant, mais inconnu. tère
C'est l'élu du Seigneur, c'est l'Evêque fidèle
ue le doigt d'un enfant montre au peuple attristé,
Quand d'Euverte expirant, la tendresse et le zèle
Demandent un Pasteur pour sa chère cité.

De saint Aignan célébrons la mémoire,
Dieu près de lui nous rassemble en ce jour ;
Faisons monter au trône de sa gloire
   Le chant de notre amour.

Elle vient te prier. Oh ! daigne la bénir ;
Guide-nous sur la terre, et que dans la patrie
Mais Attila bientôt menace nos murailles
« Prions, frères, prions ! c'est le *fléau de Dieu*!

Ainsi dit le pasteur; et le Dieu des batailles
Longtemps le vit prier et pleurer au saint lieu,
Un jour contre l'Anglais il nous faudra des armes,
Une vierge inspirée et de sanglants combats ;
Aignan devant les Huns ne verse que des larmes,
Et Dieu lève contre eux la force de son bras.
 De saint Aignan, etc.

### III.

Quand de l'impiété la rage frénétique
Deux fois persécuta ton fidèle troupeau,
On la vit profaner ta vieille basilique,
Et des saints outragés violer le tombeau.
Ils ont porté la main sur ta châsse bénie ;
Ils s'en sont partagé le métal précieux,
Et de ton corps sacré, dans leur fureur impie,
Aux flammes ont livré les restes glorieux.
 De saint Aignan, etc.

### IV.

Mais, le Dieu qui des saints prend en main la défense,
Deux fois a conservé notre pieux trésor ;
Dans quelques ossements il fixe ta présence,
Et parmi tes enfants tu reposes encor.
Père, vois à tes pieds ta famille chérie ;
Elle vient te prier. Oh ! daigne la bénir ;
Guide-nous sur la terre, et que dans la patrie,
Près de toi, nous puissions un jour nous réunir.
 De saint Aignan, etc.

## PRIÈRE.

O grand saint, qui nous avez été donné pour protecteur et pour modèle, nous vous remercions des grâces que vous nous avez obtenues, et nous vous bénissons de la vigilance avec laquelle vous éloignez de nous les dangers qui menacent nos âmes. Nous vous conjurons de nous continuer votre protection puissante. Voyez nos besoins, et secourez-nous.

Du sein de la gloire où vous régnez, écoutez favorablement nos prières; souvenez-vous que vous nous avez été donné pour intercesseur auprès de Dieu. Ah! vous ne l'oubliez pas, et nos intérêts vous sont chers. Sûr de votre propre bonheur, vous êtes en sollicitude pour le nôtre. Vous nous regardez comme des concitoyens qui gémissent encore dans l'exil. Hâtez par vos prières le moment où nous serons réunis.

Que vos exemples nous animent à

vivre, à combattre, à travailler, à souffrir comme vous, pour mériter de participer à votre bonheur et à votre gloire dans les cieux. Oui, que par votre secours nous puissions vaincre tous les ennemis qui s'opposent à notre salut, demeurer inébranlablement attachés à notre Dieu, imiter vos vertus et arriver au repos et à la gloire de la bienheureuse éternité. Amen.

---

## PÈLERINAGE A SAINT-MESMIN.
### Patron de la paroisse.

### Hymne à Mici.

Dans ces vallons que notre Loire arrose,
Des saints, jadis, ont arboré la croix.
Et ce rivage, où leur cendre repose,
A retrouvé ses beaux jours d'autrefois.
Les voyez-vous, de leur main bénissante,
Couvrir encor leur tige renaissante ?

Mici! berceau de nos plus heureux jours,
Terre des saints! Mici! champ de victoire,
Tes jeunes fils grandiront pour ta gloire.
O mère! adieu! nous t'aimerons toujours!

Dieu, disaient-ils, lorsqu'en ton héritage
S'endormira le laboureur lassé,
Qui descendra, Seigneur, sur cette plage?
Qui reprendra le sillon commencé?
Si dans les pleurs nous jetons la semence,
De la moisson laisse-nous l'espérance!
   Mici! berceau, etc.

Dors, ô Mici! dors en paix dans la tombe!
Dieu veille encor sur ta prospérité!
Il ne veut pas que son drapeau succombe
Aux bords heureux où tu l'avais planté;
N'entends-tu pas ces hymnes d'allégresse?
Reconnais-tu les chants de la jeunesse?
   Mici! berceau, etc.

Et toi, Mesmin, pourquoi sur cette rive
As-tu choisi nos rochers pour tombeau?
Pourquoi, laissant ta famille adoptive,
Viens-tu veiller près de notre berceau?
Voyais-tu donc, quand tu quittas ce monde,
Naître des fils de la cendre féconde?
   Mici! berceau, etc.

Bénis-les donc; bénis cette famille,
Père, et tes fils, dignes de leurs aïeux,

Dans quelques jours, porteront la faucille
Où leurs aînés semaient le grain des cieux ;
Puis quand viendra le soir de notre vie,
Nous chanterons encor dans la patrie:

Salut, berceau de nos plus heureux jours,
Terre des saints, nom d'antique mémoire,
Tes jeunes fils ont grandi pour ta gloire,
Et dans le ciel nous t'aimerons toujours.

## Prose pour l'Immaculée Conception.

Virgo, mundi gaudium,
Inter spinas lilium,
Suscipe fidelium,
Hodie præconium.
   Ave Maria !

Quam beata diceris,
Quæ laudanda posteris,
Sola nostri generis,
Illibata gigneris.
   Ave Maria !

Ævæ matris filia,
Nostræ labis nescia,
Stella cœli gloria,
Veri soli nuntia.
   Ave Maria !

Ut aurora nubibes,
Vel ut rosa sentibus,
Sic, matris visceribus,
Prodis non nocentibus.
 Ave, Maria!

Virgo, luna pulchrior,
Et sole fulgidior,
Angelis quæ purior,
Sedes Deo propior.
 Ave Maria!

Puritatem mentibus,
Caritatem cordibus,
Et puderum fontibus
Dona nobis omnibus.
 Ave Maria!

Per divinam gratiam,
Ad perennem gloriam,
In cœlestem patriam,
Duc tuam familiam.
 Ave Maria!

## HYMNE.

### REFRAIN.

Rome a parlé : l'auréole de gloire
Rayonne au front de Marie en ce jour ;
Chrétiens, chantons ! qu'à nos cris de victoire
Se mêle un chant d'amour.

---

## Cantique pour Noël.

C'est le jour mémorable
Où naquit autrefois,
Dans une pauvre étable,
Le Fils du Roi des rois.
Victime volontaire
Du céleste courroux,
Il se fait sur la terre
Homme, enfant, comme nous.

### L'ENFANT.

Vous qui fîtes le monde,
De grâce, dites-nous,
Dans une étable immonde
Pourquoi donc naissez-vous ?

### JÉSUS.

Je suis le Dieu qui donne
Le ciel aux pauvres gens,
Et ma crèche est le trône
Du roi des indigents.

### L'ENFANT.

Mais cette pauvre étable,
Mon Dieu, n'a pas de toit,
Votre corps adorable
Souffre et tremble de froid.

### JÉSUS.

Pour prêcher la souffrance
Et rétablir ses droits,
Je veux dès ma naissance
Faire un pas vers la croix.

### L'ENFANT.

Oh ! que la nuit est sombre !
Tout sommeille en ce lieu :
Qui saura que dans l'ombre
Il vient de naître un Dieu ?

### JÉSUS.

Trente ans dans le mystère
Je veux m'ensevelir,
Et trois ans à la terre
J'apparais pour mourir.

### L'ENFANT.

Des bergers ! Quel cortége
Pour un roi comme vous !
Roi des cieux, quand verrai-je
Les rois à vos genoux ?

### JÉSUS.

J'aime le pur hommage
Des cœurs simples et droits,
Mon ciel est en partage
Aux bergers comme aux rois.

### L'ENFANT.

Que faut-il que je fasse,
Sur la terre où je suis,
Pour avoir une place
Dans votre paradis ?

### JÉSUS.

Si vous voulez me plaire
Et régner dans les cieux,
Sur l'étable, ô mon frère !
Ayez toujours les yeux.

## Cantique pour Pâques.

Il est ressuscité.

**REFRAIN.**

Chrétiens, chantons son triomphe et sa gloire;
Le Dieu sauveur ressuscite en ce jour.
Chrétiens, chantons! qu'à nos cris de victoire
  Se mêle un chant d'amour.

# TABLE DES MATIÈRES

## I. — Fêtes, Processions, Pèlerinages.

| | Pages. |
|---|---|
| Méthode pour assister à la sainte messe | 3 |
| Mois de Marie. — Ouverture | 14 |
| — Immaculée-Conception | 18 |
| — Nativité de la Sainte-Vierge | 20 |
| — Saint nom de Marie | 22 |
| — Présentation au temple | 25 |
| — Annonciation | 26 |
| — Maternité divine | 27 |
| — Compassion | 28 |
| — Assomption | 31 |
| — Derniers jours du mois de Marie | 45 |
| — Clôture du mois de Marie | 47 |
| Processions de la Sainte-Vierge | 54 |
| Procession du très-saint Sacrement | 62 |
| Pèlerinage à Saint-Aignan | 77 |
| — à Saint-Mesmin | 80 |

## II. — Prières et Litanies.

| | |
|---|---|
| Memorare. — Souvenez-vous | 51 |
| Stabat Mater | 28 |
| Magnificat | 57 |
| Litanies de la Sainte-Vierge | 58 |

|   |   |
|---|---|
| Litanies du Sacré-Cœur de Jésus | Pages. 71 |
| Acte de consécration à la Sainte-Vierge | 61 |
| Acte de consécration au Sacré-Cœur | 75 |

## III. — Cantiques à la Sainte-Vierge.

|   |   |
|---|---|
| A ton autel | 34 |
| Cœur sacré de Marie | 44 |
| De notre mère | 55 |
| D'une mère chérie | 27 |
| Fille des rois, ô vierge aimable | 26 |
| Il va finir, ce mois de notre mère | 45 |
| Je veux célébrer par mes louanges | 54 |
| Je vous salue, auguste et sainte reine | 40 |
| Marie, ô nom que l'enfance | 22 |
| Mère de Dieu, quelle magnificence | 48 |
| O divine Marie | 25 |
| O mois heureux | 17 |
| O toi que l'univers appelle | 36 |
| Orgons de fleurs | 55 |
| Quel beau jour vient s'offrir | 20 |
| Quelle est cette fleur d'innocence | 18 |
| Rome a parlé | 84 |
| Salut, ô mois heureux | 15 |
| Souvenez-vous, ô tendre mère | 39 |
| Tente azurée | 43 |
| Triomphez, reine des cieux | 32 |
| Trop heureux enfants de Marie | 41 |
| Venez du haut des cieux | 31 |

|  | Pages. |
|---|---|
| Virgo mundi gaudium. | 82 |
| Vous qu'en ces lieux combla de ses bienfaits. | 47 |

## IV. — Cantiques à Notre-Seigneur.

|  |  |
|---|---|
| C'est le jour mémorable. | 84 |
| Chantons en ce jour | 65 |
| Chrétiens, chantons son triomphe. | 87 |
| Cœur de Jésus, ô divin sanctuaire. | 70 |
| Par les chants les plus magnifiques. | 67 |
| Troupe innocente. | 62 |

Typ. G. Jacob.

www.ingramcontent.com/pod-product-compliance
Lightning Source LLC
LaVergne TN
LVHW050649090426
835512LV00007B/1108